VENTE APRÈS DÉCÈS

DE

M. LABLACHE

Me POUCHET,
Commissaire-Priseur

M. MANNHEIM,
Expert

SUCCESSION DE M. LABLACHE

CATALOGUE

DE

BELLES TABATIÈRES

BRILLANTS

ARGENTERIE ANGLAISE

ET OBJETS DE CURIOSITÉ

Matières précieuses, Bronzes d'art, Porcelaines anciennes de Sèvres, de Saxe, de Chine et du Japon, montées et non montées, Bronzes meublants, Meubles, etc.

TABLEAUX ANCIENS & MODERNES

PARMI LESQUELS ON REMARQUE :

Jésus chez le Phariséen, par PAUL VÉRONÈSE

DONT LA VENTE AURA LIEU

HOTEL DES COMMISSAIRES-PRISEURS

RUE DROUOT, N° 5,

SALLE N° 5, AU 1er,

Les Samedi 1, Lundi 3, Mardi 4 et Mercredi 5 Mai 1858, à 1 heure précise.

Par le ministère de Me POUCHET, Commissaire-Priseur,
successeur de M. Ridel, n° 217, rue St-Honoré,
Assisté, pour les Curiosités, de M. MANNHEIM, Expert, Md de Curiosités,
n° 10, rue de la Paix,
Et, pour les tableaux, de M. Ferdinand LANEUVILLE, Expert,
rue Neuve-des-Mathurins, n° 73.

EXPOSITIONS :

PARTICULIÈRE :	PUBLIQUE :
Le Jeudi 29 Avril 1858, de midi à 5 h.	Le Vendredi 30 Avril 1858, de midi à 5 h.

1858

CONDITIONS DE LA VENTE

Elle sera faite au comptant.

Les acquéreurs paieront, en sus des adjudications, CINQ centimes par franc applicables aux frais.

Le Catalogue se distribue :

A Paris	Chez Me Pouchet, rue Saint-Honoré, 217.
	— M. Mannheim, rue de la Paix, 10.
	— M. Ferdinand Laneuville, rue Neuve-des-Mathurins, 73.
A Londres...	— M. Durlacher, New Bond street, 113.
A Bruxelles.	— M. Etienne Leroy.

PREMIÈRE VACATION

Le Samedi 1er Mai 1858.

Brillants et pierres de couleur, tabatières ornées
de brillants et bijoux divers.

DÉSIGNATION

DES OBJETS

Brillants et Pierres de couleur montées.

1 — Bague composée d'un gros brillant recoupé dessus; son entourage, sa monture à corbeille et le corps de la bague sont ornés de roses de Hollande.

2 — Bague composée d'un gros brillant recoupé, entouré de seize brillants recoupés, d'une belle eau.

3 — Bague composée d'un fort brillant recoupé, entouré de dix brillants recoupés.

4 — Bague composée d'un brillant recoupé, entouré de très-petits brillants non recoupés.

5 — Bague composée d'une belle émeraude de forme octogone taillée à degrés, entourée de dix forts brillants recoupés et d'une belle eau.

6 — Bague composée d'une émeraude de forme hexagone taillée à degrés, entourée de dix forts brillants recoupés et d'une belle eau.

7 — Bague composée d'une émeraude de forme carré long taillée à degrés, entourée de feuillages s'étendant sur le corps de la bague et composés de vingt brillants recoupés.

8 — Bague composée d'une émeraude ronde cabochon, entourée de onze jolis brillants recoupés.

9 — Bague, grand modèle russe, de forme octogone allongée, l'entourage extérieur formé de seize forts brillants recoupés d'une belle eau; au centre, une émeraude cabochon se rattachant à l'entourage par des ornements très-fins en petites roses d'aiguilles de Hollande.

10 — Bague composée d'un grand et beau saphir d'Orient de forme carré arrondi, taillé à facettes et entouré de dix forts brillants recoupés, d'une belle eau.

11 — Bague composée d'un saphir d'Orient de forme ovale, taillé à facettes, entouré de dix brillants recoupés, d'une belle eau.

12 — Bague grand modèle russe de forme ovale; l'entourage extérieur se compose de quatorze forts brillants recoupés, d'une belle eau ; au centre, un rubis balais du Mogol, forme ronde et taillé à facettes, relié à l'entourage extérieur par de beaux ornements en petites roses d'aiguilles de Hollande.

13 - Bague composée d'un rubis spinel du Ceylan, de forme carré long arrondi, taillé à facettes, entouré de dix jolis brillants recoupés.

14 — Bague composée d'un petit rubis d'Orient cabochon entouré de six beaux brillants recoupés, et le corps orné de feuillages en roses de Hollande.

15 — Broche composée d'un pavé rond formé de sept gros brillants recoupés et d'une belle eau, figurant un fruit dont les feuilles sont formées de roses de Hollande, sur fond émail noir.

16 — Deux boutons d'oreilles composés chacun d'un gros brillant recoupé dessus.

17 — Épingle de chemise composée d'une émeraude forme poire retournée, entourée d'un serpent en rose de Hollande.

18 — Bracelet en or, dont le centre est enrichi d'une feuille en brillants recoupés, d'une belle eau.

Tabatières et Bijoux divers.

19 — Tabatière de forme baroque, en or gravé à ornements, enrichie de quatre forts brillants recoupés et d'un petit brillant non recoupé formant bec. — Poids, 106 grammes.

20 — Tabatière forme carrée, en or guilloché et ciselé ; au centre du couvercle, joli bouquet

de fleurs composé de roses de Hollande sur fond émail bleu. — Poids, 174 grammes.

21 — Tabatière forme carré arrondi, en or émaillé fond noir, à rinceaux d'or et fleurs en blanc ; travail de Genève. — Poids, 134 grammes.

22 — Tabatière plate en or de forme carré long, les deux bouts arrondis, fond émail bleu à ornements à rinceaux reservés en or; travail de Genève. — Poids, 54 grammes.

23 — Tabatière petit format carré long en or, le centre, fond émail bleu clair à ornements en or poli, la bordure fond émail noir, à grecques en or poli; travail anglais. — Poids, 47 grammes.

24 — Tabatière en or, forme carré arrondi à ornements ciselés en relief, champlevés et gravés; travail russe. — Poids, 123 grammes.

25 — Tabatière carrée en or guilloché; travail anglais. — Poids, 108 grammes.

26 — Tabatière forme ovale et à côtes en or blanc à beaux ornements gravés et contenant dans un double fond du couvercle une montre, par Leresche, à Genève. — Poids, 78 grammes.

27 — Tabatière forme ronde et à contours en or à ornements gravés, style Louis XV ; le couvercle, ouvrant à charnière, est émaillé fond bleu et orné de petites myosotis en relief

coloriées; travail anglais. —Poids, 98 grammes

28 — Tabatière forme ronde en or émaillé gros bleu, bords à ornements; le couvercle est orné d'un médaillon peint sur émail colorié (Junon), entouré de perles fines; travail de Genève. — Poids, 148 grammes.

29 — Un cachet de bureau en or, formé d'une main couverte d'un gantelet et tenant un bâton dont les bouts forment cachets; l'avant-bras en jaspe sanguin, se termine de même par un cachet en jaspe.

30 — Une canne en jonc, à pomme en or ciselé, enrichie de cinq belles turquoises.

31 — Une corne de bouc garnie en argent et formant tabatière.

32 — Boîte de forme ovale en argent, le couvercle orné d'un repoussé, sujet de cabaret; travail flamand; l'intérieur est doré. — Poids, 188 grammes.

33 — Tabatière forme carrée en argent guilloché, le couvercle orné d'oiseaux en relief; travail anglais. — Poids, 208 grammes.

34 — Tabatière forme carré long, montée à cage en argent contenant des plaques et ornements à jour entre deux cristaux; travail moderne de Paris.

35 — Tabatière petit format carré en argent à sujets

chinois en relief; travail anglais fait dans l'Inde. — Poids, 77 grammes.

36 — Boîte forme ronde en platine guilloché et bords ciselés, le couvercle orné d'une mosaïque de Rome, à oiseaux. — Poids, 179 grammes.

37 — Tabatière forme contournée à ornements en relief émaillés sur argent doré et garnie de pierreries; travail viennois.

38 — Tabatière forme carrée en argent, le couvercle ouvrant à coulisse, à ornements du XVIe siècle, et ciselés en relief. — Poids, 99 grammes.

39 — Carnet de visite en argent, à paysages et feuillages en relief; travail anglais.

40 — Presse papier forme octogone en vermeil à ornements émaillés bleu et noir, enrichi d'une figure chimérique en perles fines et argent et yeux en émeraude.

41 — Gobelet sur piédouche et couvercle en argent doré et niellé à figures costumées, époque de Henri II, et ornements d'une très-grande finesse; exécuté par feu M. Wagner.

42 — Plateau forme ronde en argent doré et niellé à ornements du XVIIe siècle, d'un goût exquis; au centre, le portrait de Maso Finiguerra, exécuté par feu M. Wagner.

DEUXIÈME VACATION

Le Lundi 3 Mai 1858.

BELLES TABATIÈRES

DÉSIGNATION

DES OBJETS

Belles Tabatières.

43 — Grande et magnifique boîte, forme contournée en agate orientale sur fond rose, montée à cage en or ciselé et à fleurs en relief en or de couleur, le couvercle et quatre panneaux à fruits et fleurs, en mosaïque en matières précieuses, en ronde bosse et d'une finesse remarquable; le couvercle est en outre entouré d'ornements en brillants, d'un goût exquis. Chef d'œuvre de l'art de Neubert, de Dresde.

44 — Grande et très-belle boîte, forme ovale, en or, émail plein, fond gros bleu et ornements ciselés à coquilles et guirlandes de lauriers, et à six médaillons d'une grande finesse, Vénus et Amours, d'après Boucher; bel échantillon, travail français, époque Louis XV.

45 — Grande et très-jolie boîte, forme ovale, en or émaillé, fond gros bleu et ciselé à guirlandes de lauriers et à pilastres, et enrichie de six beaux médaillons émaillés, sujets allégoriques montés à enfantements. Beau produit français, époque Louis XV.

46 — Grande et jolie boîte, forme ovale, or émaillé, fond gros bleu, imitant le lapis, à beaux ornements ciselés à cariatides, oves et festons de lauriers, enrichie de six médaillons émaillés, Vénus et Amours montés à enfantements. Travail français, époque Louis XV.

47 — Grande et très-belle boîte, forme ovale, en or, et à mosaïques de Neubert, genre Florence, en lapis-lazuli, à guirlandes de fruits et feuillages en cornalines et jaspes, le couvercle orné d'un très-bel émail, attribué à Petitot, portrait d'Henriette d'Angleterre. Beau travail de Dresde.

48 — Très-petite boîte à cure-dents, forme navette, en or émaillé bleu violacé, à guirlandes de perles et fleurs en relief, le couvercle enrichi d'un médaillon émaillé, amour géomètre. Travail français, époque Louis XV.

49 — Grande et très-belle boîte, de forme rectangulaire, en or, fond guilloché à paysages champlevés et émaillés de couleurs variées et enrichis de quantité de figures et d'animaux d'une grande finesse. Chacun des panneaux de cette boîte est monté à coulisse, et de plus, guillo-

ché à quadrilles émaillés gros bleu au revers. Il est donc facile, en retournant les panneaux, de donner à la boîte deux aspects bien différents. Cette particularité mérite de fixer l'attention de MM. les amateurs. Travail de Dresde, malgré l'inscription de Saint-Pétersbourg.

50 — Boîte de forme rectangulaire, en or gravé, fond vert et à médaillons très-fins, champlevés, et émaillés gros bleu translucide, sujets champêtres. Beau travail de Dresde.

51 — Boîte de forme très gracieuse, en or guilloché, imitant une corbeille en vannerie, à beaux bouquets de fleurs champlevés et émaillés de riches couleurs variées. Travail de Dresde, époque Louis XV.

52 — Boîte de forme ovale, en or émaillé fond gros bleu et fleurs sous émail, à bordures champlevées et émaillées à feuillages, le couvercle orné d'un médaillon, sujet tiré de l'histoire romaine. Travail de Vienne.

53 — Grande et belle boîte, forme contournée à cuvette, en jaspe vert, à beaux ornements, style Louis XV, gravés en relief, à gorge en or à moulures, et bec composé de beaux ornements en brillants et rubis; le travail du jaspe est de Dresde; la monture, travail anglais.

54 — Boîte forme carrée, en prisme d'améthyste, la gorge et le couvercle en or à moulures, et repoussés à ornements rocaille en relief, le bec et le devant de la boîte enrichis d'ornements en brillants.

55 — Très-jolie boîte ovale en lapis-lazuli, doublée et montée à cage en or, les panneaux du tour et le couvercle sont entourés et divisés par des colonnettes en roses de Hollande, (environ 300). Travail français.

56 — Boîte forme carré à longs pans coupés, montée à cage et doublée en or, à guirlandes, or de couleur ciselé, ornée de six plaques en laque du Japon usé. Belle qualité.

57 — Boîte forme octogone en malachite, doublée et montée à cage en or et à bordures ciselées et encadrées d'émail violacé. Travail français.

58 — Portrait du roi Louis XIV, peint sur émail, par Petitot, monté dans un cadre en or, sur une boîte ronde en écaille, doublée en or.

59 — Magnifique portrait forme carrée, le duc de Buckingham, peint sur émail, par Thouron, entouré d'or et monté sur une tabatière carrée en écaille, doublée en or.

60 — Superbe portrait de Garrick, peint sur émail, par Thouron, forme ovale, cadre en or gravé, monté sur une boîte ronde en écaille, doublée en or et à charnière; faite par Vachette.

61 — Miniature forme carrée, Fête champêtre, signée Van Blarenberghe, à Lille, montée sur une tabatière carrée, en écaille, à cadre gravé et doublée en or.

62 — Deux fixés forme ronde, une Marine et une Fête champêtre, signés Van Blarenberghe, montés sur une boîte ronde en écaille.

63 — Un fixé, forme ronde, Intérieur d'une chaumière, Souper de campagnards, très-fin d'exécution, par Drolling, monté sur une boîte ronde en écaille.

64 — Tabatière forme carrée en écaille doublée en or, le couvercle orné d'une miniature ovale, Mars, Vénus et l'Amour, dans un cadre à réverbère, en or.

65 — Boîte ronde en écaille, ornée d'un fixé, l'Amant surpris, entourage en perles fines.

66 — Boîte ronde en écaille, ornée d'un fixé par Maja, Château près d'un canal.

67 — Boîte ronde en écaille doublée en or, ornée d'un fixé, Intérieur d'un couvent, par Migliara, dans un cadre à réverbère, à filet émail bleu.

68 — Boîte ronde en écaille, ornée de deux fixés, une Vue de la mer, d'après Vernet, et un Paysage.

69 — Boîte ronde en poudre d'écaille bleue, à pois et galonnée d'or, ornée d'un joli fixé, Vue d'un port de mer, genre Blarenberghe.

70 — Boîte ronde en écaille blonde, ornée d'une miniature gouachée, Vase contenant de belles fleurs, par van Spaendonck.

71 — Boîte ronde, en écaille blonde ornée d'un fixé, Corbeille contenant de belles fleurs, par Corneille van Spaendonck.

72 — Boîte ovale en écaille, ornée d'une jolie miniature gouachée, Vénus et l'Amour, par Charlier.

73 — Boîte ovale en écaille, ornée d'une miniature, Amour éteignant des cœurs enflammés.

74 — Grande et belle boîte, forme ovale en vernis par Martin, fond quadrillé gorge de pigeon et sujet Watteau sur le couvercle, montée à gorge en vermeil.

75 — Grande et jolie boîte forme ovale, en vernis par Martin, à gorge et galons d'or, fond vert clair et Amours représentant les arts libéraux, peints en grisaille.

76 — Boîte ronde en vernis, par Martin, galons en vermeil, fond verdâtre, et sujet de cour sur le couvercle.

77 — Grande boîte ronde en vernis, par Martin, à médaillon, Famille de campagnards, galons en vermeil.

78 — Boîte ronde, en vernis, par Martin, fond rouge et pois blancs, le couvercle orné d'un joli portrait de femme, époque Louis XV, peint sur émail, cadre et galons en vermeil.

79 — Boîte ronde en vernis, par Martin, fond brun, le couvercle orné d'une jolie miniature, Portrait de femme, à cadre et galons en vermeil gravés à chaînettes.

80 — Boîte ronde en vernis, par Martin, fond bleu rayé, genre étoffe, ornée d'une miniature, Portrait de jeune bouquetière, genre Hall, cadre et galons en or gravé.

81 — Petite boîte ronde en vernis, par Martin, fond or rubanné, à médaillon conversation, cadre et galons à chaînettes en or.

82 — Petite boîte ronde en poudre d'écaille bleue, à bandes d'or, ornée d'un portrait d'homme, époque Louis XIV, peint sur émail, cadre et galons d'or, gravés à chaînettes.

83 — Grande miniature ronde, Jeune garçon et jeune fille, grisaille teintée, genre Klinstet, sur une boîte en racine de buis.

84 — Dessin à la mine de plomb, Ane dans une campagne, attribué à Huet; monté sur une boîte ronde en racine de buis.

85 — Grande miniature carrée, finement peinte à l'huile; Vue de la place de la Bourse, à Paris, par Canello, montée sur une boîte en racine d'érable, doublée d'écaille.

86 — Fixé rond, par Maja, Château près d'un canal, monté sur une tabatière carrée, en bois de palmier, doublé et galonné d'écaille.

87 — Grande boîte carrée, à deux tabacs, en écaille piquée et posée or, ornements, genre Louis XIV; travail napolitain.

88 — Jolie boîte ronde en écaille, piquée et coulée or; fruits, fleurs et ornements; beau travail français.

89 — Tabatière forme baignoire, en écaille, à beaux ornements, piqués et posés or; travail français moderne.

90 — Drageoire en ivoire peint en rouge, et ornements piqués or; bec et charnière en or gravé.

91 — Jolie boîte ovale, bombée, en nacre de perle, à ornements piqués or, gorge et galon en or gravé et ornée de quatre cornalines, forme contournée.

2 — Boîte à deux tabacs, forme longue contournée, en prisme d'améthyste, à gorge et charnière en or gravé, cuvette de Dresde, monture française.

93 — Boîte ronde en poudre d'écaille bleue et rosaces en or gravé, galons en or.

94 — Petite boîte carrée montée à cage et doublée en or, à panneaux en vernis vert, par Martin; le couvercle orné d'un médaillon, Vénus et l'Amour, peint sur émail.

95 — Petite boîte forme carré arrondi, montée à cage et doublée en vermeil, à six panneaux en émail de Saxe, à rubans alternes de fleurs et or.

96 — Boîte octogone, en tôle laquée du Japon, fruits et fleurs sur fond or; le tour fond avanturine.

97 — Boîte forme ovale, en prisme d'améthyste, à fruits et insectes, en mosaïque en relief, en matières précieuses, par Neubert, à Dresde, montée à gorge, en or ciselé.

98 — Boîte ronde en bois pétrifié, le couvercle et le fond en mosaïque de Florence, vases forme antique en jolies matières, montée à cage, gorge et galons en or.

99 — Boîte forme ronde, en lapis-lazuli de Perse, le couvercle et le fond à fleurs et papillons en mosaïque de Florence, doublée et galonnée d'or.

100 — Boite forme carré long, pans coupés, en mosaïque de Florence, genre Damier, gorge en or.

101 — Boîte forme carré long, pans coupés, en aventurine naturelle, montée à gorge, en or gravé.

102 — Boîte forme carré long, pans coupés, en lumachelle, montée à gorge, en or gravé.

103 — Petite boîte forme carré arrondi, en quartz fibré et chatoyant, montée à cage, en or guilloché.

104 — Boîte forme carrée, contournée, en argent ciselé et doré, ornée de deux plaques en racine de palmier pétrifié.

105 — Grande boîte forme carrée, en jaspe vert, gravé à quadrilles, à gorge et galon en or.

106 — Boîte ovale à cuvette, en jaspe tigré, montée à gorge, en vermeil.

107 — Boîte forme valise, en jaspe brun, gravé en guise de vannerie, montée à gorge, en vermeil.

108 — Boîte forme carrée, en dents d'hippopotame pétrifiées, montée à cage, en argent gravé et doré.

109 — Boîte forme carré, arrondi, en bois blanc pétrifié, montée à gorge, en vermeil.

110 — Boîte ronde, en lave grise, doublée, en doublé sur argent.

111 — Grande boîte forme carrée, en acier, à sujets et ornements rocailles, ciselés en relief, et fonds damasquinés or, montée à cage et doublée en argent doré.

112 — Grande boîte forme carrée, en émail de Saxe, ornée de belles peintures. Sujets : Mars et Vénus, et Vénus et Amours, montée à gorge à moulures en or.

113 — Jolie tabatière forme carrée, en porcelaine de Saxe, à sujets champêtres genre Watteau, montée à gorge, en argent ciselé et doré.

114 — Boîte carrée en porcelaine de Saxe; l'extérieur à musique notée, et à l'intérieur du couvercle, la vue d'un château; monture argent.

115 — Petite tabatière forme carrée, en porcelaine tendre de Sèvres, à rubans quadrillés, en bleu turquoise, rehaussé d'or, et enfant couché sur le couvercle; montée à cage en or, à moulures.

116 — Petite boîte forme carrée, en ancienne porcelaine de Saint-Cloud, fond blanc, gauffrée et à fleurs coloriées, montée en vermeil.

117 — Un grand bracelet en or, orné d'une belle miniature, Portrait de femme, riche costume, époque Louis XV.

118 — Un grand bracelet en or, orné d'une belle miniature, Portrait d'homme, costume de grand seigneur, époque Louis XIV.

119 — Portrait d'homme peint sur émail, époque Louis XIV, monté en médaillon, en or.

TROISIÈME VACATION

Le Mardi 4 Mai 1858.

Bronzes d'art, matières précieuses, argenterie vermeil, plaqué et objets divers.

DÉSIGNATION

DES OBJETS

Argenterie.

120 — Grande bouilloire à eau et son réchaud, en argent repoussé; beau travail français, par Odiot. — Poids, 3 kil. 635 gr.

121 — Grande chocolatière, modèle à côtes et sur trois pieds, en argent; vieux Paris. — Poids, 1 kil. 440 gr.

122 — Corbeille à pain, en argent, dorée à l'intérieur, forme arrondie, à anse mouvante, à ceps de vignes; travail russe. — Poids, 725 gr.

123 — Très-grand vidrecome, en argent repoussé, à pans; ornements à rinceaux, doré à l'intérieur et en partie à l'extérieur; travail russe. — Poids, 1 kil. 450 gr.

124 — Vidrecome en argent, doré à l'intérieur, représentant un tronc d'arbre sur lequel une ourse et ses petits; travail russe. — Poids, 1 kil. 900 gr.

125 — Vidrecome en argent repoussé, ornements Louis XV, doré à l'intérieur; travail anglais. — Poids, 930 gr.

126 — Sucrier forme vase Médicis, à deux anses, style Louis XVI, à piédouche repoussé, doré à l'intérieur; travail anglais. — Poids, 750 gr.

127 — Gobelet à couvercle, surmonté d'une Minerve, et à piédouche, orné d'une figure d'enfant, en argent repoussé, à ceps de vignes, doré à l'intérieur. — Poids, 880 gr.

128 — Un thé, composé d'une théière, d'une cafetière, d'un sucrier et d'un pot à crème, en argent, à bords ciselés, doré à l'intérieur; travail français, par Odiot. — Poids, 2 kil. 300 gr., avec les manches.

129 — Porte-coquetiers pour quatre personnes, ornements à branches de chêne; travail anglais. — Poids, 970 gr.

130 — Ménagère en argent repoussé, contenant sept pièces : flacons, moutardiers, etc.; travail anglais.

131 — Sucrier à couvercle, en argent, à ornements repercés à jour et gravés; travail anglais. — Poids, 615 gr.

132 — Deux burettes, forme aiguières, en argent repoussé à fleurs et doré à l'intérieur. — Poids, 425 gr.

133 — Une poivrière et un sucrier à saupoudrer, en argent repoussé en partie.—Poids, 325 gr.

134 — Beurrier à couvercle surmonté d'une vache, et son plateau en argent gravé; travail anglais. — Poids, 305 gr.

135 — Douze porte-carafes à galeries élevées et à jour, en argent ; travail anglais. — Seront divisés.

136 — Six porte-carafes à galeries à jour, en argent; travail français. — Poids, 848 gr.

137 — Porte-huilier, argent estampé; travail français. — Poids, 472 gr.

138 — Carafe à vin en verre vert, à anse et goulot en argent, imitant des ceps de vignes; travail anglais.

139 — Carafe à vin en verre vert, à anse et goulot en argent gravé ; travail anglais.

140 — Bouteille en verre violet le goulot richement garni en argent, à ornements repercés à jour et ceps de vignes; travail anglais.

141 — Sucrier en verre rubis, sur piédouche en argent repoussé, à ornements, dans le style ogival; travail anglais.

142 — Grande soupière à couvercle, forme ovale, en argent; travail français. Le double fond est en plaqué. — Poids 2 kil. 834 gr.

143 — Six salières et un moutardier à ornements rocaille, en argent; travail anglais. — Poids, 830 gr.

144 — Deux plats ronds, bords à moulures, en argent; travail anglais. — Poids, 1655 gr.

145 — Grand plat ovale à filets en argent; travail français. — Poids, 2 kil. 160 gr.

146 — Deux plats ovales, l'un à filets, l'autre à bords plats; travail français. — Poids, 2 kil. 733 gr.

147 — Plat rond à filets en argent; travail français. — Poids, 1615 gr.

148 — Deux plats ronds à filets en argent; travail français. — Poids, 2210 gr.

149 — Quatre plats ronds d'entre-mets en argent; travail français. — Poids, 3360 gr.

150 — Grande fourchette et truelle à poisson, argent repoussé et gravé; travail anglais. — Poids, 330 gr.

151 — Trois couteaux et fourchettes à découper, à manches en argent repoussé; travail anglais. Pourront être divisés.

152 — Grande truelle à poisson en argent; travail anglais. — Poids, 220 gr.

153 — Une truelle à poisson, six atelettes, une pince à sucre, trois pelles à sel et six petites cuillères à café en argent. — Poids, 480 gr.

154 — Douze atelettes, modèle riche, en argent. — Poids, 325 gr.

155 — Une paire de ciseaux à raisin. — Poids, 100 gr.

156 — Deux louches et deux cuillères à ragoût en argent. — Poids, 795 gr.

157 — Douze cuillères à café, modèle riche, en argent. Poids, 385 gr.

158 — Vingt-deux cuillères à soupe et vingt-neuf fourchettes en argent, à filets. — Poids, 4 kil. 70 gr.

159 — Douze couteaux à dessert, à lames et manches riches, en argent; travail français. — Poids, 500 gr.

160 — Douze couteaux à dessert, à lames et manches riches, en argent; travail anglais. — Poids, 780 gr.

161 — Douze couverts à dessert, modèle riche, en argent; travail anglais. — Poids, 1 kil. 470 gr.

162 — Quatre cuillères à soupe et quatre fourchettes en argent; travail anglais. — Poids, 815 gr.

Service anglais, modèle très-riche, composé des pièces suivantes :

163 — Vingt-quatre cuillères à potage et quarante-huit fourchettes. — Poids, 7 kil. 520 gr.

164 — Une louche, deux cuillères à ragoût et deux cuillères à sauce. — Poids, 885 gr.

165 — Quarante-huit couteaux de table à manches en argent. Pourront être divisés.

166 — Six cuillères à sel, une à moutarde et une à thé. — Poids, 235 gr.

Vermeil.

167 — Vingt-quatre couverts à dessert, modèle riche, en vermeil; travail anglais. — Poids, 2 kil. 580 gr.

168 — Dix-huit couteaux à dessert, à lames et manches en vermeil; travail anglais. — Poids, 795 gr.

169 — Dix-huit couteaux à dessert, à lames en acier et manches en vermeil; travail anglais.

170 — Vingt-quatre cuillères à glace, modèle riche, en vermeil; travail anglais. — Poids, 530 gr.

171 — Quatre cuillères à sucre, deux à compote et quatre pinces à sucre en vermeil; travail anglais. — Poids, 730 gr.

172 — Trente-six cuillères à café en vermeil, modèle riche; travail anglais. — Poids, 850 gr.

Plaqué.

173 — Très-grand surtout de table. Le plateau de forme contournée et à gorge rentrante. La corbeille à fleurs, entourée à sa partie supérieure par des branches de candelabres, est posée sur un beau et fort piédouche. Le plateau et la corbeille sont en plaqué anglais, les branches sont en cuivre argenté.

174 — Deux très-grands candelabres à ornements rocaille et à sept branches, en plaqué anglais, même modèle que la pièce précédente.

175 — Très-grand plateau, forme carré arrondi, à anses et à bords à ornements en relief, en plaqué, à fond uni et bruni.

176 — Plateau, forme carré arrondi, en plaqué français, à fond gravé, bords à coquilles et ornements en relief, en argent.

177 — Très-grand plat ovale à poisson, en plaqué français.

178 — Très-grand plat rond en plaqué français.

179 — Belle corbeille à pain à anse mouvante, forme ronde contournée, fond gravé à feuilles et bords en argent, à ceps de vignes.

180 — Deux légumières, forme ronde et à anses, en plaqué français uni et ornements en relief en argent.

181 — Plateau à verre d'eau, forme ronde contournée, élevé sur trois pieds, en plaqué anglais gravé, à rinceaux et ornements en relief.

182 — Un porte-liqueur à trois carafes, en plaqué, forme triangulaire et bords à ornements rocaille ; travail anglais.

183 — Un porte-coquetiers pour six personnes, en plaqué.

184 — Deux saucières à anses et leurs petits plateaux ovales, en plaqué français.

185 — Deux casserolles à soufflets, en plaqué français.

186 — Quatre réchauds ordinaires, en plaqué.

187 — Un cornet à décanter le vin, un porte-pain (toast) et une anse à bouteille de champagne, en plaqué.

188 — Une louche et six cuillères à potage, en Ruolz.

Bronzes d'art.

189 — Belle figure en bronze florentin; Moïse, d'après Michel-Ange, sur socle en bois doré.

190 — Deux jolis bustes d'enfants, grandeur nature, en bronze ancien, montés sur socles de forme carrée contournée, en bois noir et garnis d'ornements en bronze.

191 — Statuette équestre en bronze moderne; Philibert-Emmanuel, d'après Marochetti.

192 — Deux statuettes en bronze, d'après l'antique.

Matières précieuses.

193 — Magnifique béquille de canne, en jaspe héliotrope, forme chimère ailée, dont les yeux, l'ornement de la tête et de la queue sont ornés de brillants et de rubis d'Orient. (Objet très-curieux et d'une parfaite conservation.)

194 — Cristal de roche; petit vase à couvercle taillé à pans coupés, et un petit plateau rond. Ces deux pièces sont montées en vermeil.

195 — Cristal de roche; flacon forme droite et hexagonale, à bouchon taillé en forme de fleur; monture en vermeil.

196 — Cristal de roche; petit gobelet forme tulipe et à piédouche, taillé à pans et gravé à feuillages et oiseaux.

197 — Cristal de roche; petit gobelet taillé à pans coupés et monté en vermeil.

198 — Agate orientale; jolie coupe ovale à couvercle, montée à galerie et sur quatre pieds en bronze doré.

199 — Agate et cornaline; trois coupes diverses. Pourront être divisées.

200 — Agate orientale; petit vase forme bouteille, en agate orientale blonde mamelonnée, monture en vermeil garnie de pierreries.

201 — Coffret en agate d'Allemagne rouge, monté en cuivre doré.

Verres de Venise et autres,

202 — Gobelet à nœud et filigrane blanc, monté sur piédouche en bronze doré.

203 — Vase modèle théière à filigrane blanc, alterné de rubans rouges et bleus.

204 — Deux gobelets à rubans alternés.

205 — Coupe à bords rentrant, à fleurs émaillées rehaussées de blanc.

206 — Petit gobelet, verre de Bohême à blason de Saxe émaillé.

207 — Sept verres de Bohême et autres, gravés en partie. Seront vendus séparément.

Faïences diverses.

208 — Coupe ronde à reflets métalliques ; au centre, un blason de cardinal.

209 — Coupe ronde à bords dentés; Adam et Ève séduits par le Serpent.

210 — Coupe ronde et à côtes, à ornements variés.

211 — Tableau rond en faïence napolitaine, sujet mythologique.

212 — Deux petites assiettes, même faïence, sujet Amours, etc.

213 — Vase en terre émaillée de Munich; sur la panse, les douze apôtres.

214 — Plat ovale à reptiles, genre Palissy.

Objets divers.

215 — Émail de Limoges. La fuite en Égypte, tableau ovale colorié.

216 — Émail de Limoges. Sainte Vierge, peinture coloriée.

217 — Miniature ovale, Portrait de Law.

218 — Miniature ovale, Portrait d'homme, époque Louis XIV, attribué à Petitot.

219 — Trois miniatures à l'huile, Portraits d'hommes et de femme.

220 — Ivoire sculpté. Deux poivrières, dont une à sujets flamands et l'autre à bas-relief en bois sculpté.

221 — Coco sculpté. Trois poivrières, sujets saints et flamands.

222 — Christ en ivoire sculpté.

223 — Gobelet en ivoire sculpté à bas-relief, Bacchanale d'enfants.

224 — Trois figurines en dents de lion sculptées, Saints personnages.

225 — Jolie miniature ronde, Portrait de femme peint sur porcelaine de Saxe ; au revers, un médaillon, Amour dans des nuages.

226 — Bonbonnière à quatre lobes, en corail sculpté en relief, et ornée de deux appliques en argent, dont une en relief et l'autre gravée.

227 — Petit vase, forme carrée, en vermeil, à cariatides et figurine d'enfant formant bouton, garni de grenats.

228 — Vase en coco sculpté, sujets bibliques, monture genre XVIe, en bronze doré.

229 — Presse-papier à raisins en relief, mosaïque napolitaine.

230 — Figure en rouge antique, Muse drapée.

231 — Deux autres figures de femmes drapées et à attributs en marbre blanc.

232 — Amour en terre cuite, par Marin.

233 — Jeu d'Echecs en ivoire sculpté.

234 — Pomme de Canne, forme béquille, en porcelaine de Saxe.

234 *bis.* — Boule en ivoire sculpté, contenant douze autres boules prises dans la masse et repercées à jour. Travail chinois très-curieux.

QUATRIÈME VACATION

Le Mercredi 5 Mai 1858.

Porcelaines de Sèvres, de Saxe, de Chine et du Japon, montées et non montées; bronzes meublants, meubles, tableaux.

DÉSIGNATION

DES OBJETS

Porcelaines de Sèvres.

235 — Petit vase Sèvres tendre, fond gros bleu à médaillons, Oiseaux, monté à anses et sur piédouche en bronze doré.

236 — Autre vase gros bleu et médaillons, Amours et Colombes, monté à anses et piédouche en bronze doré.

237 — Petit vase, Sèvres tendre ancien décors forme litron, fond à œils de perdrix violacé et médaillons à trophées, monté à une anse et sur piédouche en bronze doré.

238 — Coupe Sèvres tendre, ornements bleus à rinceaux d'or, monté sur trépied en bronzedoré.

239 — Deux petites coupes porcelaine tendre, fond vert, médaillons à oiseaux, montées à anses et sur piédouches en bronze doré.

240 — Ecritoire Sèvres tendre, à plateau ovale, fond blanc et à fleurs, monté en bronze doré.

241 — Cuvette Sèvres tendre, fond bleu et à fleurs.

242 — Verrière fond blanc et fleurs, en Sèvres, pâte tendre.

243 — Coupe ronde porcelaine tendre, fond bleu clair, supportée par trois amours en bronze doré.

Porcelaines de Saxe et autres.

244 — Petit groupe en porcelaine de Saxe, composé de deux amours.

245 — Autre plus petit groupe en porcelaine de Saxe, Amours.

246 — Enfant portant des fleurs, en porcelaine de Saxe.

247 — Figurine en porcelaine de Saxe, Berger jouant du basson.

248 — Neptune sur un rocher, à ses pieds un dauphin, groupe en porcelaine de Chelsea.

249 — Deux petits flacons en porcelaine de Saxe. Chasseur et chasseresse.

250 — Groupe en faïence flamande, Cuirassier près de son cheval accroupi.

251 — Deux écuelles rondes en porcelaine d'Allemagne, fond blanc et fleurs en relief.

252 — Tasse en porcelaine de Saxe à paysage et dentelles d'or.

253 — Tasse trembleuse en porcelaine d'Allemagne à rubans roses et fleurs émaillées.

Porcelaines de Chine et du Japon.

254 — Grande et belle garniture de cinq pièces, vases et cornets, modèle dit mandarin, en porcelaine de Chine, fond blanc, médaillons à fleurs et riche bordure émaillée, montés en lampes et garnis de bronze doré.

255 — Deux grands et jolis cornets, en porcelaine du Japon, bleu, rouge et or, montés en bronze doré.

256 — Deux jolis vases, forme carrée aplatie, en porcelaine de Chine, fond rouge brun ornementé, et beaux médaillons à mandarins, montés en bronze doré.

257 — Une grande coupe ronde, en porcelaine du Japon, bleu, rouge et or, riche monture en bronze doré.

258 — Une coupe en porcelaine de Chine, ornements à fleurs, riche monture en bronze doré.

259 — Très-grand plat rond en porcelaine de Chine.

260 — Un vase, forme élevée et à grosse panse, en porcelaine de Chine flambée et craquelée, sur socle en bois de fer.

261 — Deux très-jolies petites coupes en ancien céladon de la Chine, à ornements gaufrés, et ancienne monture à chimères en bronze rocaille doré or moulu.

262 — Garniture de quatre pièces, porcelaine du Japon, bleu, rouge et or ; deux potiches et deux cornets.

263 — Deux vases, modèle dit mandarin, fond blanc, ornements bleu.

264 — Deux très-petits vases, forme ronde, en ancien craquelé de la Chine.

265 — Trois petits vases chine, fond blanc, à papillons en relief et fleurs émaillées.

266 — Deux petits vases, forme bouteille, en porcelaine de Chine, rouge, bleu et or.

267 — Présentoir, fond rouge brique et dessins gaufrés.

268 — Quinze pièces, chine et japon. Seront vendues séparément.

Bronzes meublants.

269 — Une pendule, style Louis XVI, à deux enfants, en bronze doré or moulu.

270 — Deux candelabres, en bronze doré or moulu, Enfants satyres, d'après Clodion, portant des branches à rinceaux, style Louis XVI.

271 — Lampe formée d'un enfant satyre et monté sur socle en bronze doré, mouvement de Gagneau.

272 — Flambeau en bronze doré, modèle époque Louis XIV.

273 — Deux lustres en bronze, modèle à rinceaux, garnis de cristaux. Seront vendus séparément.

274 — Lampe à suspension pour salle à manger, modèle Gagneau.

275 — Pendule et candelabres, bronze et marbre jaune de Sienne, Amour et Psyché.

276 — Deux buires en porphyre de Suède, forme ovoïde allongée, monture empire en bronze doré.

277 — Buste de l'empereur Nicolas, en bronze doré au mat, sur socle carré en malachite, garni d'ornements en bronze.

278 — Deux buires, forme contournée, en malachite, montées en bronze doré au mat.

279 — Deux candelabres à colonnes et à trépieds, en bronze doré.

280 — Une paire flambeaux, vases sur fûts de colonnes cannelées.

281 — Une paire flambeaux, bronze doré rocaille.

282 — Autre paire flambeaux, bronze doré Louis XVI.

283 — Une paire feux, modèle à vases et à galerie en bronze doré.

284 — Ecritoire en bronze doré, Amours costumés en guerriers et battant des caisses.

285 — Petit vase en bronze oxidé, à mascarons et bouton à enfant, genre XVIe siècle.

286 — Une petite coupe, forme hexagone en bronze doré sur socle triangulaire, en porcelaine verte, et un petit flacon en porcelaine bleue, monté en cuivre.

Meubles.

287 — Grande pendule et son socle, forme droite en marqueterie de Boule.

288 — Bureau, marqueterie de bois Louis XIII dessus et sur toutes ses faces, et à pieds de biche, garni de bronze.

289 — Petit bureau, genre Boule, marqueterie des trois parties à quatre faces et à tablier, dessus de velours noir, à pieds de biche et garni de bronze.

290 — Petit bonheur-du-jour en marqueterie de bois à fleurs et ustensiles, forme ovale, à pieds de biche, et tablette d'entrejambes.

291 — Six chaises à dossiers élevés, marqueterie flamande, à siéges en velours de laine, raisin de Corinthe.

292 — Grand régulateur, forme droite, en bois d'acajou, mouvement de Leroy, à compensateur.

TABLEAUX

ANCIENS & MODERNES

ARTOIS (VAN).

293 — Petit Paysage.

BOUCHOT.

294 — Paysanne des environs de Rome.

DU MÊME.

295 — Le Tambour de la République.

DU MÊME.

296 — Paysan avec un capuchon blanc de pénitent.

DU MÊME.

297 — Tête de vieillard à barbe blanche.

BUDELOT et DEMAY.

298 — Forêt avec figures de chasseurs.

DU MÊME.

299 — Même sujet.

CARELLI.

300 — Vue de Tivoli.

CIGOLI.

301 — Une sainte enchaînée dans une prison.

COTTEREAU.

302 — Les Adieux, scène de nuit.

DU MÊME.

303 — L'Enlèvement (esquisse).

DU MÊME.

304 — Conspiration de Guillaume Tell (esquisse).

DU MÊME.

305 — Procession sur le lac de Constance.

CUYP.

306 — Portrait de femme coiffée d'un bonnet noir.

FERRI.

307 — La dernière scène de Lucie de Lammermoor.

GASPRE.

308 — Paysage.

GUARDI.

309 — Entrée de l'arsenal de Venise.

DU MÊME.

310 — Une place publique à Venise.

GUDIN.

311 — Marine avec barques de pêcheurs.

GIGANTE.

312 — Portique d'un monastère à la Cava, environs de Naples.

DU MÊME.

313 — Vue des environs de Naples (étude).

DU MÊME.

314 — Vue prise dans les montagnes en Italie.

KOBEL.

315 — Vaches au pâturage.

LANFRANC.

316 — Quatre esquisses des pendentifs qui se trouvent dans l'église de Jésus à Naples (provenant de la galerie Aguado).

MARATTE (C.).

317 — Christ mort.

MIREVELDT.

318 — Portrait d'un personnage de distinction, sa tête est couverte d'une calotte noire. Ses armes sont dans le haut du tableau.

MURILLO.

319 — Le Christ au roseau, ovale, galerie Aguado.

PERINO del VAGA.

320 — Le Christ, cuivre forme ronde.

PADUANINO,

321 — Deux portraits au crayon.

REGNY.

322 — Femme italienne et son enfant sur une terrasse.

REMOND.

323 — La maison du Tasse.

DU MÊME.

324 — Vue de Sorente.

DU MÊME.

325 — Même vue.

RIGNI.

326 — Le Mont Valérien.

RIGAUD.

327 — Portrait d'un jeune homme couvert d'un manteau bleu.

RUBENS (Ecole).

328 — La Vierge, l'Enfant, saint Joseph et des Anges.

DU MÊME (Ecole).

329 — La fuite en Egypte.

RUBENS (Ecole).

330 — Portrait de l'Artiste.

VERONESE (Paul).

331 — Jésus au banquet du Pharisien.

Dans ce tableau se trouvent réunies toutes les éminentes qualités du Maître. Composition grandiose, richesse de coloris et touche aussi savante que spirituelle.

En Angleterre, où M. Lablache a acquis ce chef-d'œuvre à un très-haut prix, il faisait partie de la belle collection Wilmore.

Riche cadre en bois sculpté.

SMARGIOSSI.

332 — Port du Havre.

DU MÊME.

333 — Pont en ruines.

DU MÊME.

334 — Vue de Naples.

INCONNU.

335 — Les plaisirs du bain.

336 — Vue d'un couvent à Naples.

337 — Vue prise en Suisse, effet de flambeaux.

338 — Vue prise en Suisse.

339 — Paysage (rond).

340 — Un portrait (rond).

341 — Paysage.

342 — Petit portrait d'un jeune homme, costume Louis XVI.

343 — Le retour du chasseur.

344 — Le crucifiement du Christ (Ecole moderne).

345 — La Vierge, l'Enfant et saint Jean (Ecole italienne).

346 — Le roi David (Ecole Italienne).

347 — L'Ascension du Christ (Ecole Italienne).

348 — Sommeil de l'Enfant Jésus, près de lui la Vierge, sainte Anne et un Ange (cuivre).

349 — Un Ange (cuivre).

350 — Fuite en Egypte (rond).

351 — Mort d'un Moine, soutenu par des Anges.

352 — Tête de Christ, manteau rouge.

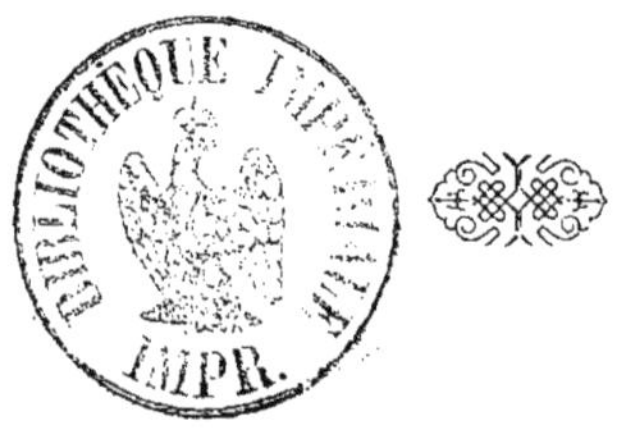

Renou et Maulde, imprimeurs de la Compagnie des Commissaires-Priseurs
rue de Rivoli, 144. 9361

RENOU ET MAULDE
IMPRIMEURS DE LA COMPAGNIE DES COMMISSAIRES-PRISEURS
rue de Rivoli, 144.

www.ingramcontent.com/pod-product-compliance
Ingram Content Group UK Ltd.
Pitfield, Milton Keynes, MK11 3LW, UK
UKHW021005220726
13924UKWH00002B/907

9 782019 948146